Dans la même collection

Comment Adam nomma les animaux
Les Quatre Amis
La Reine et le Roi

Direction éditoriale et texte Claude Helft
Maquette Mireille Cohedali
Fabrication Yves Raffner

76 bis rue des Saints-Pères, 75007 Paris
www.descleedebrouwer. com
ISBN 2-220-04849-7
Loi n° 49956 du 16 juillet 1949
Imprimé en France par l'OCEP
Dépôt légal novembre 2000

Petit Jésus

Photographies de Alejandra Figueroa

Desclée de Brouwer

Dans les églises, les musées, les petites statues de Marie se tiennent avec modestie. Elles sont là pour celui qui passe, pour celui qui prie.

Marie porte dans ses bras l'enfant Jésus. Parfois, il se blottit, parfois, il se tourne vers nous avec, dans sa main, une boule ronde, l'univers.

L'imagier, celui qui a sculpté les statues, a mis une couronne sur la tête de Marie. Elle était pour lui la reine des hommes, la reine des anges.

Ce bébé divin, avant qu'il naisse, un ange a annoncé à Marie qu'il était le Fils de Dieu. Tout ce qu'il va faire plus tard est écrit dans la Bible, dans ce grand livre ouvert sur les genoux de Marie.

Le sait-elle, Marie ? On dirait que oui. Elle a l'air grave, elle réfléchit.

Jésus joue avec les pages. Il dit ainsi que l'heure n'est pas encore venue pour lui d'accomplir ce qui est écrit.

Tout petit, Jésus a dû s'enfuir avec sa famille. Un ange avait averti Joseph, l'époux de Marie : "Fuis, car Hérode, le roi du pays veut faire mourir l'enfant. Ses conseillers lui ont dit qu'un roi était né et il a peur pour son trône." Ce roi redouté, c'est lui, Jésus, qui tète le sein de sa mère, en chemin dans la nuit.
Roi comme Hérode, il ne l'est pas.
C'est dans les cœurs qu'il régnera.

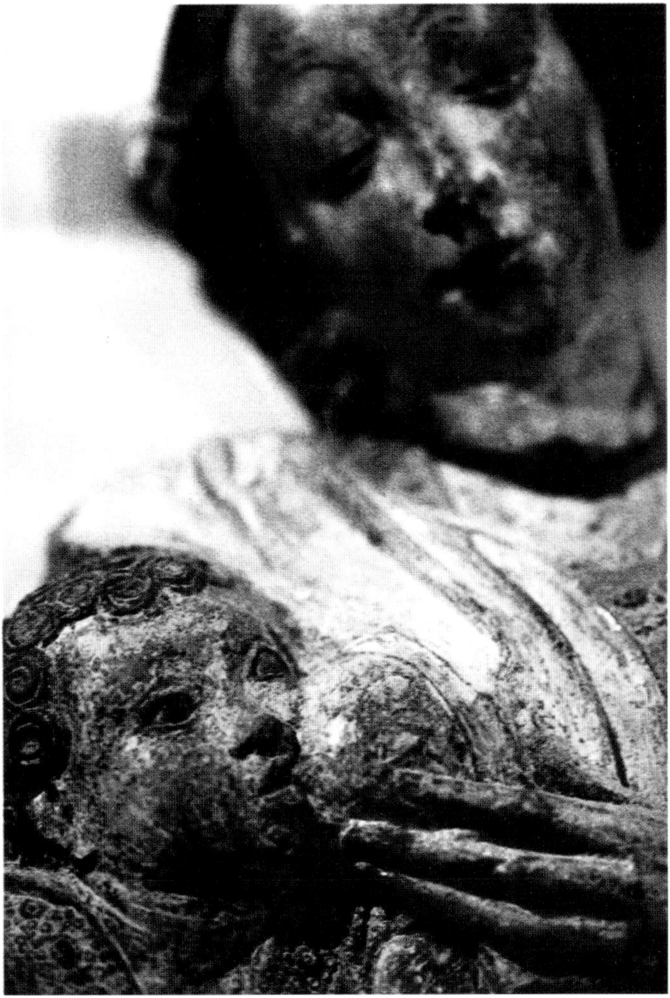

Le petit Jésus est sur les genoux de Marie comme sur un trône, en majesté. Tous les deux, ils regardent dans les yeux celui qui s'arrête en face d'eux. Timidement et fièrement à la fois, Marie présente Jésus.

Elle dit au monde que la parole de Dieu, écrite dans la Bible, le livre que l'enfant tient à la main, c'est lui, Jésus.

Le bois, depuis si lontemps qu'il a été sculpté, est maintenant tout piqueté. Les sourires de Marie et de Jésus, tous les deux, sont restés.

Marie est comme une impératrice sur le haut siège qui brille.

Il ressemble, dit-on, au trône du roi Salomon. Son sage petit enfant tient un rosaire. Chacune des pierres représente une prière qu'on peut faire à Marie. Derrière leurs têtes, les auréoles indiquent que Dieu les a choisis.

Les longues mains de Marie tiennent bien fort l'enfant Jésus contre sa poitrine, et même du côté de son cœur.

Sur son voile qui a enveloppé le petit Jésus quand il est né, dans la crèche, Marie porte sa couronne de reine. D'une seule main, elle tient l'enfant qui lève la main dans un geste qui bénit. Il donne ainsi la protection de Dieu à celui qui vient prier devant lui.

La main de Marie s'arrondit. Peut-être, quand elle fut sculptée, dans la région du Rhin, l'imagier avait prévu qu'elle tiendrait une fleur qu'on aurait glissée entre ses doigts, chaque matin.

Marie, pensive, a incliné la tête. Sa joue touche le front bouclé de Jésus. Sont-ils une maman et son enfant comme les autres ? Jésus ressemble à Marie. Le sculpteur leur a fait les mêmes yeux, la même bouche.

Mais le pied nu de Jésus prend appui sur le bras de Marie. Dans le langage des statues, à l'église, cela veut dire que Jésus est l'envoyé de Dieu. Il s'est incarné, il est né de Marie, la jeune fille que Dieu a choisie. Il est le divin enfant qu'on chante à Noël.

Dans les rues des villes, sur les murs des maisons, en Italie, on aimait poser les portraits sculptés et coloriés de Marie et du petit Jésus. Marie si douce se penche. Elle protège de sa main et d'un pan de son manteau la tête de Jésus, niché dans son cou.

Le bébé bien à l'abri, bouche ouverte, tète son doigt. Mais, à son tour, il rassure Marie. Sa main touche le menton de sa mère.

Depuis des siècles ils sont ainsi, sans jamais finir de se tenir.

Toutes les statues photographiées sont conservées au Musée du Louvre, à Paris.